AF547356

ars vivendi

Rainer Maria Rilke

Les Roses · Die Rosen

Die französischen Gedichte
Zweisprachige Ausgabe

Ins Deutsche übertragen von
Yvonne Goetzfried

Mit einem Nachwort von
Ulrich Fülleborn

ars vivendi

Die Originalausgaben der Gedichtzyklen erschienen1927.

Neuausgabe August 2012

www.arsvivendi.com
Einbandgestaltung: ars vivendi, unter Verwendung einer Illustration von Kalistratova/iStockphoto
Gesetzt aus der Adobe Garamond
Druck: CPI, Ulm
978-3-86913-179-5

Inhalt

Les Roses · Die Rosen

I

Si ta fraîcheur parfois nous étonne tant,
heureuse rose,
c'est qu'en toi-même, en dedans,
pétale contre pétale, tu te reposes.

Ensemble tout éveillé, dont le milieu
dort, pendant qu'innombrables, se touchent
les tendresses de ce cœur silencieux
qui aboutissent à l'extrême bouche.

I

Manches Mal erstaunt uns deine Frische, du
glückliche Rose,
wie du dich in dir, im Innersten,
Blütenblatt an Blütenblatt, hast ausgeruht.

Hellwaches Ganzes, dessen Mitte schläft,
während sich die ungezählten
Zärtlichkeiten dieses stillen Herzens sanft berühren,
grenzend an einen äußersten Mund.

II

Je te vois, rose, livre entrebâillé,
qui contient tant de pages
de bonheur détaillé
qu'on ne lira jamais. Livre-mage,

qui s'ouvre au vent et qui peut être lu
les yeux fermés …,
dont les papillons sortent confus
d'avoir eu les mêmes idées.

II

Ich sehe dich, Rose, halbgeöffnetes Buch,
es enthält Seiten genug,
das Glück zu beschreiben,
und niemand wird sie entziffern. Zauber-Buch

öffnet sich dem Wind und dem, der es versucht
mit geschlossenen Augen zu lesen …,
und Schmetterlingen, die verwirrt entgleiten,
weil sie schon Gedanken mit ihm teilten.

III

Rose, toi, ô chose par excellence complète
qui se contient infiniment
et qui infiniment se répand, ô tête
d'un corps par trop de douceur absent,

rien ne te vaut, ô toi, suprême essence
de ce flottant séjour;
de cet espace d'amour où à peine l'on avance
ton parfum fait le tour.

III

Rose, o du bist ein so vollzähliges Gebilde,
das sich selbst unendlich oft enthält
und das unendlich sich verströmt, o dieses
Haupt, um dessen Süße der Leib abwesend bleibt,

nichts ist mit dir vergleichbar, o höchste Essenz
eines schwebenden Aufenthalts;
in diesem Raum der Liebe kommt man kaum voran,
nur dein Parfum durchzieht ihn unbegrenzt.

IV

C'est pourtant nous qui t'avons proposé
de remplir ton calice.
Enchantée de cet artifice,
ton abondance l'avait osé.

Tu étais assez riche, pour devenir cent fois toi-même
en une seule fleur;
c'est l'état de celui qui aime …
Mais tu n'as pas pensé ailleurs.

IV

Doch haben wir dir vorgeschlagen,
den Blütenkelch bis an den Rand zu füllen.
Begeistert warst du, diesen Kunstgriff
in deinem Überfluß zu wagen.

Fühltest dich reich, um hundertmal
du selbst zu sein aus einer Blume;
hingegeben wie die Liebende …
Hast aber nie an anderes gedacht.

V

Abandon entouré d'abandon,
tendresse touchant aux tendresses …
C'est ton intérieur qui sans cesse
se caresse, dirait-on;

se caresse en soi-même,
par son propre reflet éclairé.
Ainsi tu inventes le thème
du Narcisse exaucé.

V

Hingabe von Hingabe umgeben in Kreisen,
Zartes rührt an Zärtlichkeiten …
Man sagt, es sei dein Innres, das
sich streichelt ohne Unterlaß;

sich in sich selber streichelt, bis
es leuchtet im eigenen Widerschein.
Sinnend fällt dir das Thema ein
vom erhörten Narziß.

VI

Une rose seule, c’est toutes les roses
et celle-ci: l’irremplaçable,
le parfait, le souple vocable
encadré par le texte des choses.

Comment jamais dire sans elle
ce que furent nos espérances,
et les tendres intermittences
dans la partance continuelle.

VI

Eine Rose allein ist alle Rosen,
und auch diese: die unersetzliche,
schmiegsame Vokabel, von den Texten
der Dinge umgeben.

Wie könnten wir ohne sie je
von unsren Hoffnungen sprechen
und dem sanften Unterbrechen
im beständigen Fortgehn.

VII

T'appuyant, fraîche claire
rose, contre mon œil fermé —,
on dirait mille paupières
superposées

contre la mienne chaude.
Mille sommeils contre ma feinte
sous laquelle je rôde
dans l'odorant labyrinthe.

VII

Die klare frische Rosenblüte streichelt
mein geschlossnes Auge leicht —,
als legte sie noch tausend kühle Lider,
eines auf das andre, über

mein heißes Lid. Und tausend Schlummer
breitet sie dann über meine Täuschung hin,
darunter streif ich selbst umher
im Duft des Labyrinths.

VIII

De ton rêve trop plein,
fleur en dedans nombreuse,
mouillée comme une pleureuse,
tu te penches sur le matin.

Tes douces forces qui dorment,
dans un désir incertain,
développent ces tendres formes
entre joues et seins.

VIII

Von deinem Traum erfüllte Blume,
— die in sich selbst zahlreich erscheint,
durchnäßt, als hätte sie geweint —,
du beugst dich über den Morgen.

Deine sanften Kräfte, schlafend
im Ungewissen des Verlangens,
entfalten jene zarten Formen
zwischen Herz und Wangen.

IX

Rose, toute ardente et pourtant claire,
que l'on devrait nommer reliquaire
de Sainte-Rose …, rose qui distribue
cette troublante odeur de sainte nue.

Rose plus jamais tentée, déconcertante
de son interne paix; ultime amante,
si loin d'Ève, de sa première alerte —,
rose qui infiniment possède la perte.

IX

Die Rose, glühend und doch in sich klar,
sollte erhoben werden zum Reliquiar
der Heiligen Rose …, welch betörender Blütenduft
heiliger Nacktheit verströmt in die Luft.

Rose, nie mehr in Versuchung geführte letzte Geliebte,
verwirrend durch ihren inneren Frieden;
wie weit sie von Eva, deren erster Gefährdung,
entfernt ist —,
Rose, die den Verlust unendlich besitzt.

X

Amie des heures où aucun être ne reste,
où tout se refuse au cœur amer;
consolatrice dont la présence atteste
tant de caresses qui flottent dans l'air.

Si l'on renonce à vivre, si l'on renie
ce qui était et ce qui peut arriver,
pense-t-on jamais assez à l'insistante amie
qui à côté de nous fait son œuvre de fée.

X

Freundin der Stunden, wenn niemand mehr bleibt,
wenn dem gekränkten Herzen sich alles verweigert;
du Tröstliche, dein Dasein ist Zeugnis
so vieler Zärtlichkeiten, die schweben.

Wer nicht zu leben wagt und verleugnet
das Gewesene und, was noch kommen könnte,
denkt nicht genug an diese beständige Freundin,
neben uns tut sie das Werk einer Fee.

XI

J'ai une telle conscience de ton
être, rose complète,
que mon consentement te confond
avec mon cœur en fête.

Je te respire comme si tu étais,
rose, toute la vie,
et je me sens l'ami parfait
d'une telle amie.

XI

Ich habe ein solches Bewußtsein von deinem
Wesen, vollständige Rose,
daß reine Zustimmung dich mit meinem
feiernden Herzen vermählt.

Ich atme dich, als wärest du,
Rose, das ganze Leben,
und fühle mich von dir erwählt:
Freund einer solchen Freundin.

XII

Contre qui, rose,
avez-vous adopté
ces épines?
Votre joie trop fine
vous a-t-elle forcée
de devenir cette chose
armée?

Mais de qui vous protège
cette arme exagérée?
Combien d'ennemis vous ai-je
enlevés
qui ne la craignaient point.
Au contraire, d'été en automne,
vous blessez les soins
qu'on vous donne.

XII

Rose, gegen wen
habt Ihr die Dornen
angenommen?
Euer freudiges und feines
Empfinden hat Euch wohl
dazu gezwungen, diese scharfen
Waffen auszuwählen?

Aber vor wem schützt Euch denn
solch übertriebene Armierung?
Wieviele Feinde habe ich schon
von Euch hinweggejagt,
die nichts erschreckte.
Vom Sommer bis zum späten Herbst
habt Ihr — im Gegenteil — verletzt,
was man an Sorgfalt aufgewandt.

XIII

Préfères-tu, rose, être l'ardente compagne
de nos transports présents?
Est-ce le souvenir qui davantage te gagne
lorsqu'un bonheur se reprend?

Tant de fois je t'ai vue, heureuse et sèche,
— chaque pétale un linceul —
dans un coffret odorant, à côté d'une mèche,
ou dans un livre aimé qu'on relira seul.

XIII

Möchtest du, Rose, die entflammte Gefährtin sein
von allem, was uns jetzt erfreut?
Ist es Erinnerung, die dich am stärksten erreicht,
während ein Glück sich erneut?

Oft schon durft ich dich freudig sehen und getrocknet
— jedes Blütenblatt ein Linnentuch —
in einem duftenden Kästchen neben dem Dochte,
oder, wieder alleine lesend, in dem geliebten Buch.

XIV

Été: être pour quelques jours
le contemporain des roses;
respirer ce qui flotte autour
de leurs âmes écloses.

Faire de chacune qui se meurt
une confidente,
et survivre à cette sœur
en d'autres roses absente.

XIV

Sommer: für etliche Tage
Begleiter der Rosen zu sein;
was um erblühende Seelen
weht, das atmen wir ein.

Sehen in jeder, die stirbt,
eine Vertraute,
entschwundene Schwester, die wir
unter anderen Rosen überdauern.

XV

Seule, ô abondante fleur,
tu crées ton propre espace;
tu te mires dans une glace
d'odeur.

Ton parfum entoure comme d'autres pétales
ton innombrable calice.
Je te retiens, tu t'étales,
prodigieuse actrice.

XV

Du allein, o innen ausgefüllte Blume,
erzeugst den eignen Raum;
du kannst dich selbst in einem Spiegel
klaren Duftes schaun.

Dein Parfum umgibt dich wie die vielen
Blütenblätter eines unzählbaren Kelchs.
Ich halte dich, du breitest
dich herrlich aus in deinen Spielen.

XVI

Ne parlons pas de toi. Tu es ineffable
selon ta nature.
D'autres fleurs ornent la table
que tu transfigures.

On te met dans un simple vase —,
voici que tout change:
c'est peut-être la même phrase,
mais chantée par un ange.

XVI

Sprechen wir nicht von dir. Du bist
unsagbar auf deine Weise.
Den Tisch, mit anderen Blumen geschmückt,
verwandelst du leise.

Stellen wir dich in die schlichte Vase —,
schon hat sich alles verändert:
es bleibt vielleicht dieselbe Phrase,
nun aber singt sie ein Engel.

XVII

C'est toi qui prépares en toi
plus que toi, ton ultime essence.
Ce qui sort de toi, ce troublant émoi,
c'est ta danse.

Chaque pétale consent
et fait dans le vent
quelques pas odorants
invisibles.

Ô musique des yeux,
toute entourée d'eux,
tu deviens au milieu
intangible.

XVII

Das bist du selbst, hast in dir vorbereitet,
was dich übertrifft, letztgültige Essenzen.
Betörende Erregung, ausgebreitet
wie Tänze.

Jedes Blütenblatt ist gut gestimmt,
und es macht im Wind
ein paar süße Schritte,
unsichtbar.

O dieser Augen Melodie,
dicht umgeben von den kühlen
Blättchen, wirst du in der Mitte
unberührbar.

XVIII

Tout ce qui nous émeut, tu le partages.
Mais ce qui t'arrive, nous l'ignorons.
Il faudrait être cent papillons
pour lire toutes tes pages.

Il y en a d'entre vous qui sont comme des dictionnaires;
ceux qui les cueillent
ont envie de faire relier toutes ces feuilles.
Moi, j'aime les roses épistolaires.

XVIII

Du teilst, was uns betrübt. Doch wenn
dir selbst etwas geschieht, wir wissens nicht.
Man müßte hundert Schmetterlinge
sein, um deine vielen Seiten zu erkennen.

Einzelne von euch sind wie ein Wörterbuch,
und wer solche sammelt, möchte sie gern binden;
Blätter wären es genug.
Ich aber liebe Rosen-Briefe.

XIX

Est-ce en exemple que tu te proposes?
Peut-on se remplir comme les roses,
en multipliant sa subtile matière
qu'on avait faite pour ne rien faire?

Car ce n'est pas travailler que d'être
une rose, dirait-on.
Dieu, en regardant par la fenêtre,
fait la maison.

XIX

Bietest du dich als Beispiel an?
Ob man sich wie die Rosen füllen kann,
die feine Substanz vermehrend, und nur
dies und nichts anderes tun?

Rose sein, das würde bedeuten,
jegliche Arbeit zu scheuen.
Gott, durchs Fenster schauend,
erbaut das Haus.

XX

Dis-moi, rose, d'où vient
qu'en toi-même enclose,
ta lente essence impose
à cet espace en prose
tous ces transports aériens?

Combien de fois cet air
prétend que les choses le trouent,
ou, avec une moue,
il se montre amer.
Tandis qu'autour de ta chair,
rose, il fait la roue.

XX

Sag, Rose, woher kommt,
was du verborgen hältst,
bestimmt dein langsamer Duft
im Raum der Prosa selbst
alle Erregungen der Luft?

Wie oft schon hat die Luft gesagt,
daß die Dinge sie durchbohrten,
oder ihren Mund verzogen,
weil sie bitter war.
Doch um deine Haut, o Rose,
schlägt sie das Rad.

XXI

Cela ne te donne-t-il pas le vertige
de tourner autour de toi sur ta tige
pour te terminer, rose ronde?
Mais quand ton propre élan t'inonde,

tu t'ignores dans ton bouton.
C'est un monde qui tourne en rond
pour que son calme centre ose
le rond repos de la ronde rose.

XXI

Runde Rose, warum drehst du dich
bis in den Taumel um dich selbst
auf deinem Stengel zur Vollendung?
Wenn dich dein Schwung so heftig überfällt,

sorgst du dich nicht um dich als Knospe.
Es dreht sich im Kreis eine Welt,
damit ihr stilles Zentrum die runde
Ruhe der runden Rose versuche.

XXII

Vous encore, vous sortez
de la terre des morts,
rose, vous qui portez
vers un jour tout en or

ce bonheur convaincu.
L'autorisent-ils, eux
dont le crâne creux
n'en a jamais tant su?

XXII

Ihr, auch Ihr entspringt
der Erde über Toten,
Rose, und Ihr tragt
dem aus Gold gewirkten Tag

dies überzeugte Glück entgegen.
Ob sie es erlauben, sie,
deren hohler Schädel nie
genug gewußt von alledem?

XXIII

Rose, venue très tard, que les nuits amères arrêtent
par leur trop sidérale clarté,
rose, devines-tu les faciles délices complètes
de tes sœurs d'été?

Pendant des jours et des jours je te vois qui hésites
dans ta gaine serrée trop fort.
Rose qui, en naissant, à rebours imites
les lenteurs de la mort.

Ton innombrable état te fait-il connaître
dans un mélange où tout se confond,
cet ineffable accord du néant et de l'être
que nous ignorons?

XXIII

Rose, du Spätling, noch aufgehalten von bittren
Nächten, von zu viel sternischer Klarheit,
ahnst du, Rose, das süße, das leichte Erfülltsein
deiner Sommer-Geschwister?

In deiner Knospe seh ich dich zögern, Tag für Tag,
du allzu fest verschlossene Rose.
Du ahmst das Langsame des Todes nach
und wirst doch erst geboren.

Läßt dich dein zahlloser Zustand erfahren,
in einer alles verwirrenden Mischung,
wie der unsagbare Klang aus Sein und Nichts ist,
den wir kaum gewahren?

XXIV

Rose, eût-il fallu te laisser dehors,
chère exquise?
Que fait une rose là où le sort
sur nous s'épuise?

Point de retour. Te voici
qui partages
avec nous, éperdue, cette vie, cette vie
qui n'est pas de ton âge.

XXIV

Dich draußen zu lassen, Rose, wäre es besser gewesen,
du liebe Ausgezeichnete?
Was macht eine Rose, wenn das erschöpfte
Schicksal in uns sich ereignete?

Keine Umkehr. Du bist hier,
und du teilst
mit uns, selbst verstört noch, dieses Leben, dieses Leben,
das nicht ist von deiner Zeit.

Les Fenêtres · Die Fenster

À Mouky et à Baladine.

I

Il suffit que, sur un balcon
ou dans l'encadrement d'une fenêtre,
une femme hésite ..., pour être
celle que nous perdons
en l'ayant vue apparaître.

Et si elle lève les bras
pour nouer ses cheveux, tendre vase:
combien notre perte par là
gagne soudain d'emphase
et notre malheur d'éclat!

I

Auf einem Balkon sehen wir sie,
oder in der Umrahmung des Fensters,
zögernd stehen …, genug, um die zu sein,
die wir verlieren, noch während
ihre Gestalt uns erscheint.

Und wenn sie die Arme hebt,
um ihre Haare zu knoten, gleicht
sie einer lieblichen Vase: so viel größer
wird unser Verlust und erreicht
den Grund der Trauer, plötzlich erhellt!

II

Tu me proposes, fenêtre étrange, d'attendre;
déjà presque bouge ton rideau beige.
Devrais-je, ô fenêtre, à ton invite me rendre?
Ou me défendre, fenêtre? Qui attendrais-je?

Ne suis-je intact, avec cette vie qui écoute,
avec ce cœur tout plein que la perte complète?
Avec cette route qui passe devant, et le doute
que tu puisses donner ce trop dont le rêve m'arrête?

II

Seltsames Fenster, du sagst mir, ich solle warten, es hätten
sich beinahe schon deine hellen Gardinen bewegt.
O Fenster, lädst du mich ein zu sehen? Oder stattdessen
mich abzuwenden, Fenster? Wen erwarte ich denn?

Bin ich nicht mit dem lauschenden Leben schon eins,
mit diesem ausgefüllten Herzen, das der Verlust ergänzt?
Mit dieser Straße, die unten vorbeigeht, und dem Zweifel,
du könntest dieses Zuviel noch geben, dessen Traum
mich nur hemmt?

III

N'es-tu pas notre géométrie,
fenêtre, très simple forme
qui sans effort circonscris
notre vie énorme?

Celle qu'on aime n'est jamais plus belle
que lorsqu'on la voit apparaître
encadrée de toi; c'est, ô fenêtre,
que tu la rends presque éternelle.

Tous les hasards sont abolis. L'être
se tient au milieu de l'amour,
avec ce peu d'espace autour
dont on est maître.

III

Bist du nicht unsere Geometrie,
Fenster, in deine einfache Form
schließt du das Leben, das riesige,
ohne besondere Müh?

Die wir so lieben, die niemals schöner erscheint,
als während sie vor dir steht,
von dir umrahmt, o Fenster,
du gibst ihr beinahe Unsterblichkeit.

Jeglicher Zufall geschwunden. Das Sein
breitet inmitten der Liebe sich aus,
nur vom umgebenden schmalen Raum
sind wir die Meister.

IV

Fenêtre, toi, ô mesure d'attente,
tant de fois remplie,
quand une vie se verse et s'impatiente
vers une autre vie.

Toi qui sépares et qui attires,
changeante comme la mer, —
glace, soudain, où notre figure se mire
mêlée à ce qu'on voit à travers;

échantillon d'une liberté compromise
par la présence du sort;
prise par laquelle parmi nous s'égalise
le grand trop du dehors.

IV

Fenster, o Maß der Erwartung,
so viele Male erfüllt, wenn sich ein Leben
wendet und sehnt in Ungeduld
nach einem anderen Leben.

Anziehend bist du, und du trennst,
veränderlich wie das Meer, —
Scheibe, in der die Gestalt sich spiegelt,
plötzlich mit dem Dahinter vermengt;

Muster der Freiheit, in Gefahr gebracht
vom Schicksalsverlauf;
Halt, der Ausgleich zwischen uns schafft
und dem großen Zuviel des Draußen.

V

Comme tu ajoutes à tout,
fenêtre, le sens de nos rites:
Quelqu'un qui ne serait que debout,
dans ton cadre attend ou médite.

Tel distrait, tel paresseux,
c'est toi qui le mets en page:
il se ressemble un peu,
il devient son image.

Perdu dans un vague ennui,
l'enfant s'y appuie et reste;
il rêve … Ce n'est pas lui,
c'est le temps qui use sa veste.

Et les amantes, les y voit-on,
immobiles et frêles,
percées comme les papillons
pour la beauté de leurs ailes.

V

Wie fügst du, Fenster, allem
den Sinn unsres Tuns hinzu:
Steht einer nur aufrecht vor dir, wartend
oder versonnen, der Rahmen bist du.

Ob zerstreut, ob träge,
du zeichnest ihn auf dein klares Papier:
er sieht sich ein bißchen ähnlich
und wird zu seinem Bild in dir.

In Langeweile verloren, lehnt sich
das Kind bei dir an und verweilt;
es träumt … Tut selber nichts,
aber die Zeit, die verschleißt das Kleid.

Und die Geliebten sehen wir hier,
unbeweglich und durchscheinend zart,
festgesteckt wie Schmetterlinge,
damit man die schönen Flügel gewahrt.

VI

Du fond de la chambre, du lit, ce n'était que pâleur
qui sépare,
la fenêtre stellaire cédant à la fenêtre avare
qui proclame le jour.
Mais la voici qui accourt, qui se penche, qui reste:
après l'abandon de la nuit, cette neuve jeunesse céleste
consent à son tour!

Rien dans le ciel matinal que la tendre amante
contemple,
rien que lui-même, ce ciel, immense exemple:
profondeur et hauteur!
Sauf les colombes qui font dans l'air de rondes arènes,
où leur vol allumé en douces courbes promène
un retour de douceur.

(Fenêtre matinale.)

VI

Vom Hintergrund des Zimmers, vom Bett, nur diese
Blässe, die trennt,
das Sternen-Fenster, vom kargen Fenster verdrängt,
das schon den Tag ausruft.
Doch wer dann herankommt und sich verneigt:
Nacht ist vergangen, die neue himmlische Jugend,
die bleibt,
stimmt ihrerseits zu!

Nichts in der Dämmerung, was die sanfte Geliebte
sieht,
außer ihm selbst, diesem Himmel als endloses Beispiel:
Höhe und Tiefe!
Nur Tauben ziehen hinauf und bilden runde Arenen,
die sie durchfliegen, hell leuchtend in weichen Bögen
zärtlicher Wiederkehr.

(Morgendliches Fenster.)

VII

Fenêtre, qu'on cherche souvent
pour ajouter à la chambre comptée
tous les grands nombres indomptés
que la nuit va multipliant.

Fenêtre, où autrefois était assise
celle qui, en guise de tendresse,
faisait un lent travail qui baisse
et immobilise …

Fenêtre, dont une image bue
dans la claire carafe germe.
Boucle qui ferme
la vaste ceinture de notre vue.

VII

Fenster, oft suche ich seine Nähe,
um an das abgezählte Zimmer genügend
große, ungebändigte Zahlen zu fügen,
welche die Nacht noch vermehrt.

Fenster, an dem sie damals saß,
sie, die in ihrer Zartheit
eine langsame Arbeit tat,
die beugt und unbeweglich macht …

Fenster, dessen getrunkenes Abbild
in der hellen Karaffe keimt.
Als Spange verschließt es den weiten
Gürtel unseres Blickes.

VIII

Elle passe des heures émues
appuyée à sa fenêtre,
toute au bord de son être,
distraite et tendue.

Comme les lévriers en
se couchant leurs pattes disposent,
son instinct de rêve surprend
et règle ces belles choses

que sont ses mains bien placées.
C'est par là que le reste s'enrôle.
Ni les bras, ni les seins, ni l'épaule,
ni elle-même ne disent: assez!

VIII

Sie verbringt bewegte Stunden,
gestützt auf ihre Fensterbank,
am Rande ihres Wesens, ganz
zerstreut und gespannt.

Wie die Windhunde, wenn sie ihre
Pfoten vor dem Schlafen ordnen,
überrascht der Traum-Instinkt
die schönen Dinge, die

ihre sorgsam hingelegten Hände sind.
Das Übrige folgt diesem Muster.
Weder Arme noch Brüste noch Schulter
oder sie selbst sagen: genug!

IX

Sanglot, sanglot, pur sanglot!
Fenêtre, où nul ne s'appuie!
Inconsolable enclos,
plein de ma pluie!

C'est le trop tard, le trop tôt
qui de tes formes décident:
tu les habilles, rideau,
robe du vide!

IX

Schluchzen und Weinen, reines Weinen!
Niemand lehnt sich an dein Glas,
Fenster! Untröstliches eingefaßt-Sein,
von meinen Tränen naß!

Es ist das zu Späte und zu Frühe,
das deine Maße bestimmt:
von dir, Gardine, sind sie ins
Kleid der Leere gehüllt!

X

C’est pour t’avoir vue
penchée â la fenêtre ultime,
que j’ai compris, que j’ai bu
tout mon abîme.

En me montrant tes bras
tendus vers la nuit,
tu as fait que, depuis,
ce qui en moi te quitta,
me quitte, me fuit …

Ton geste, fut-il la preuve
d’un adieu si grand,
qu’il me changea en vent,
qu’il me versa dans le fleuve?

X

Denn ich habe dich gesehen,
geneigt zum letzten Fenster, und
habe endlich verstehend
meinen Abgrund leergetrunken.

Als du mir deine Arme zeigtest,
ausgebreitet in die Nacht,
hast du gemacht, daß seither das,
was dich in mir verließ, auch mich
verläßt und weit entschwindet …

Deine Geste —, ob ihr der Beweis gelingt
für einen Abschied, so groß,
daß er mich wandelt in Wind
und verströmt in den Fluß?

NACHWORT

Wer diesen schönen zweisprachigen Band mit den ›Rosen‹- und ›Fenster‹-Zyklen in die Hand nimmt, mag vielleicht mit Verwunderung feststellen, daß Rainer Maria Rilke, den man doch im allgemeinen als deutschsprachigen Autor kennt, französische Gedichte geschrieben hat, die obendrein wert sind, als Teil seines Werkes veröffentlicht zu werden. Doch Rilke war kein deutscher, auch kein österreichischer, er war ein europäischer Dichter, keiner war es je mehr. Das meint eine Gesinnung und eine Lebensform. So mußte es ihm ganz natürlich sein, schließlich auch das Französische, das ihm nie fremd war, zur eigenen Dichtersprache zu machen.

Der europäische Dichter

Geboren 1875 in Prag, einer der Hauptstädte des alten Europa innerhalb slawischer Umwelt, erhielt Rilke um die vorletzte Jahrhundertwende auf zwei großen Reisen, begleitet von Lou Andreas-Salomé, eine bleibende seelisch-geistige Prägung durch Rußland, die Weite seiner Landschaften und die christlich-orthodoxe Religiosität der Menschen, nicht zuletzt durch die russische Kunst und Literatur. *Das Stunden-Buch* ist der dichterische Ertrag aus diesem Erlebnis, dem jedoch schon eine komplementäre westliche Ergänzung durch die Begegnung mit der italienischen Frührenaissance unmittelbar vorausgegangen war (*Florenzer Tagebuch*). Nach dem Versuch, durch die Eheschließung mit der Bildhauerin Clara Westhoff in Worpswede, wo Natur und Lebensform in manchem mit dem Rußland-Erlebnis korrespondierten, seßhaft zu werden, war ab 1902 die moderne Großstadt Paris, als schärfste zivilisatorische und kulturelle Antithese zu Rußland, die Mitte von Rilkes Lebensraum. Seine künstlerischen Leitsterne wurden hier, und zwar nacheinander, Auguste Rodin und Paul Cézanne. Von Paris aus erschloß sich dem Dichter Skandinavien, wiederholt Italien, besonders Rom und Venedig, ferner die Provence und Spanien mit Toledo und Ronda, aber auch Ägypten. Die Rilke tief gefährdende Heimsuchung des Ersten Weltkriegs überstand er – »Wer spricht von Siegen? Überstehn ist alles« (*Requiem für Wolf Graf von Kalckreuth*) – meist festgehalten in München. Vorübergehend hat man ihn zum Kriegsdienst in Wien eingezogen, bis er schließlich ab 1919 bis zu seinem Tod 1926 vom Schweizer Asyl aus den Wiederanschluß an das größere Europa gewann.

Nun gibt es ähnliche Biographien des ruhelosen Unterwegsseins, der Abbrüche und der späten Rettungen im Zeitalter der Weltkriege und politischen Umwälzungen auch sonst. Rilke indes hat seine Existenz und sein Werk bewußt auf den europäischen Grundspannungen, vor allem der ost-westlichen oder slawisch-romanischen, aufgebaut, sie schmerzhaft aushaltend und an ihren Widersprüchen produktiv werdend. Heimatlos im herkömmlich-biographischen Sinne, wie die meisten Prager Autoren, suchte er »Boden« und »Wohnort« (*10. Elegie*) in der übernational verstandenen dichterischen Sprache, und damit zugleich Heimatrecht in den Sprachen Europas. Er las und übersetzte Russisch, Dänisch, Italienisch und vor allem immer wieder Französisch, weniger Englisch. Darüber hinaus, zum Zeichen dafür, daß er wirklich in Europa angekommen war – und das trotz oder gerade wegen der verstörenden Erfahrung des Krieges –, schuf er sich in der letzten Phase seines Lebens durch sein Dichten auf Französisch ein ganz neues, eigenes poetisches Idiom, sozusagen eine Sprache über den Sprachen.

Eine wesentliche Voraussetzung hierfür war jedoch, daß Rilke sein 1912 auf Schloß Duino bei Triest begonnenes lyrisches Hauptwerk, die *Duineser Elegien*, im Februar 1922 in Muzot bei Sierre im schweizerischen Valais vollenden konnte. So sind seine französischen Gedichte auch bleibender Ausdruck seiner Dankbarkeit, daß ihm das Gastland dies gewährt hat.

Rilkes spätes Werk – zu ›schwer‹?

Warum wird Rilkes späte Lyrik, deren Mitte die *Duineser Elegien* und die ebenfalls im Februar 1922 entstandenen *Sonette an Orpheus* bilden, von den Lesern, auch von Rilke-Lesern, oft als schwer zugänglich empfunden? Offenbar gibt es tief eingewurzelte Widerstände dagegen, sich in der Dichtung auf eine unvertraute Sprache, die immer auch ein anderes Denken bedeutet, einzulassen, selbst wenn es Dinge von großer Aktualität betrifft. Denn Rilke schreibt ja im Grunde nur über das, was einen in der heutigen geschichtlichen Lage bewußt lebenden Menschen unmittelbar angeht. Gilt doch trotz allen wissenschaftlichen Fortschritts unverändert die Klage: »Nicht sind die Leiden erkannt,/nicht ist die Liebe gelernt,/und was im Tod uns entfernt,//ist nicht entschleiert« (*Sonett I,19*).

Mit seinen Antworten auf diese Situation gehört das Rilkesche Spätwerk in den großen Zusammenhang der ästhetischen Moderne des 20. Jahrhunderts. Deren Grundlage ist uns im allgemeinen nicht fremd. Es handelt sich bekanntlich um jene europäische Lebens- und Kunstbewegung von 1900, die in Deutschland ›Jugendstil‹ heißt und die eine umfassende Kulturreform bezweckte. Die reformatorische Energie erwuchs ihr zuvörderst aus Friedrich Nietzsches Willensphilosophie. Denn Nietzsches ›Wille zur Macht‹ war im Kern nichts anderes als ein rigoroser Kultur schaffender Wille im Namen des zu erneuernden Lebens. Deshalb schloß er auch den Willen zum Nichts, zur ›Vernichtung‹ der in Metaphysik und Religion überlieferten geistigen Grundlagen des Lebens ein – nicht zuletzt der Selbstgewißheit des neuzeitlichen Ich.

In den *Aufzeichnungen des Malte Laurids Brigge* von 1910, Rilkes einzigem Roman, spiegelt sich der genannte Sachverhalt in modellhafter Genauigkeit: Der ebenfalls heimatlose dänische Dichter Malte, den sich Rilke als sein Alter ego erfunden hat, ist notdürftig im fünften Stock eines ärmlichen Pariser Mietshauses untergekommen und schreibt: »Ich sitze hier und bin nichts. Und dennoch, dieses Nichts fängt an zu denken«. Und was sich in dem zum Nichts gewordenen Ich als erstes meldet, ist der Nietzschesche Wille zur radikalen Bezweiflung und ›Annihilierung‹ des überlieferten Denkens und zum entschlossenen Neubeginn auf dem freigeräumten Grund, der sich freilich im weiteren als Abgrund erwies. Es war ebendiese krisenhafte Umbruchssituation, aus der jenes erstaunliche Phänomen hervorgegangen ist, das wir heute als klassische Moderne bezeichnen.

In der bildenden Kunst wurde die klassische Moderne fast zu selbstverständlich von den Nachgeborenen rezipiert, wenn nicht bloß konsumiert. Zeichen dessen sind die großen Erfolge aller Ausstellungen moderner Kunst, z. B. van Goghs und Cézannes, und unser fast alltäglicher Umgang mit Malern wie Franz Marc und August Macke, auch mit Paul Klee. Hier hat sich beim Publikum so etwas wie eine spontane, meist wenig reflektierte Freude an den neuen ästhetischen Möglichkeiten unseres Zeitalters entwickelt. Barrieren des Verstehens scheinen kaum noch zu existieren. Um so erstaunlicher, daß von dem Rezeptionsschub, den die bildende Kunst erfuhr, die Dichtung nur wenig profitieren konnte, noch weniger vielleicht die moderne

Musik. Bei Rilke indes haben die *Neuen Gedichte* (1907/1908), gewiß frühe Meisterwerke der klassischen Moderne, mit einigen Texten, z. B. *Früher Apollo, Der Panther, Das Karussell,* eine breite Resonanz gefunden. Doch gibt es in seinem späteren Werk mehr und anderes zu entdecken, nämlich die ganz bewußte Ermöglichung eines durchaus positiven, zur Zukunft offenen Dichtens und Lebens über dem Abgrund des ›Nichts‹, dem sich Rilke mit dem *Malte* ausgesetzt hatte. Wo derartiges in der klassischen Moderne gelungen ist, da sind am Ende Texte von großer Leichtigkeit, Helligkeit und Menschenfreundlichkeit entstanden, aber immer auf dunklem Grunde. Beispiele gibt es genug, so das späte Romanwerk Thomas Manns, besonders *Joseph und seine Brüder* und *Bekenntnisse des Hochstaplers Felix Krull.* Rilke hat sich auf diese Höhe mit den großen Gesängen der *Duineser Elegien,* deren Spannweite von der bitteren Beklagung der Condition humaine bis zu deren voller Bejahung reicht, buchstäblich emporgerungen. Und dort erst konnten sich dann *Die Sonette an Orpheus* und vieles, was noch danach kam, um so freier entfalten, vor allem auch die verschiedenen Gedichtkreise in französischer Sprache.

Die französischen Gedichte – so ›leicht‹

»Le visible est pris d'une main sûre, il est cueilli comme un fruit mûr, mais il ne pèse point, car à peine posé, il se voit forcé de signifier l'invisible« – Das ›Sichtbare‹ ist mit sicherer Hand ergriffen, gepflückt wie eine reife Frucht, aber es erscheint von aller irdischen Schwere befreit, weil es sich, kaum vom Künstler ins Werk ›gesetzt‹, gezwungen sieht, das ›Unsichtbare‹ zu bedeuten: Geschrieben hat Rilke diese Sätze zwar am 26. November 1925 an die Malerin Sophy Giauque zu einigen ihrer Bilder, die er in Bern gesehen hatte und die ihn an die Eigenart japanischer Haikus erinnerten; doch erkennt man darin nicht zugleich eine Selbstdeutung, die genau auf das Wesen seiner französischen Gedichte zutrifft? An jedem der französisch-Rilkeschen Gebilde läßt sich ablesen und bewundern, was ihre ›Leichtigkeit‹ ausmacht; wie sie erzeugt wird durch die besonders aufmerksame äußere Wahrnehmung der sinnlichen Erscheinungen und ihre gleichzeitige ›Verwandlung‹ – einer von Rilkes zentralen poetologischen Begriffen – in unsichtbare Bezüge. Man könnte sagen, hier werde das Sinnliche selber mit seinen zartesten Qualitäten vergeistigt, nämlich der inneren Wahrnehmung zugeführt.

Rilke hat also, nachdem eine Hauptarbeit getan war, für sich die Möglichkeit entdeckt, in der seit je geliebten französischen Sprache, jetzt zusätzlich inspiriert durch die großen französischen Autoren der Moderne wie Paul Valéry, den neu gewonnenen Freund, und Marcel Proust, auf eine äußerst diskrete Weise alles zu sagen, was ihm inzwischen sagbar geworden ist. Es zu sagen in schlichten Formen und unmittelbar eingängigen Bildern. So beschwört er die Landschaft des Valais um Sierre mit ihren Obstgärten und Weinbergen (in den *Vergers* und den *Quatrains Valaisans* von 1924/25, ersch. 1926) und eben auch, in diesem Gedichtband dokumentiert, Rosen und Fenster – Dinge, die sich unter seiner Hand zu Symbolen und Zeichen seiner geistig-poetischen Welt wandeln.

Der Zyklus *Les Roses*, dessen 24 Gedichte hauptsächlich im September 1924 in Lausanne entstanden und der 1927 postum publiziert wurde, feiert in immer neuen Ansätzen die Blume, die für Rilke von seiner Frühzeit an eine der reichsten, schönsten, bedeutungsvollsten Erscheinungen in unserer Lebenswelt war. Dank der Spracharbeit des Dichters – erinnert sei an die großgearteten Verse der *Rosenschale* in den *Neuen Gedichten* – ist diese Blume gleichsam zur Rilkeschen Rose geworden. Als glückliches Ergebnis unserer bewußten Züchtung (*IV*) steht sie für eine durch Kunst geadelte Natur und damit für die Kultur schaffende Leistung des Menschen überhaupt. Entsprechend begegnet sie uns beim späten Rilke als ein höchst komplexes, vielfältig deutbares, entschieden modernes Symbol – und zwar im Unterschied zur Eglantine, der antiken Rose. Von diesem Gegensatz liest man in den *Sonetten an Orpheus* (*II,6*):

> Rose, du thronende, denen im Altertume
> warst du ein Kelch mit einfachem Rand.
> *Uns* aber bist du die volle zahllose Blume,
> der unerschöpfliche Gegenstand.

Ganz in diesem Sinne erscheint die Rose in den französischen Gedichten als Bild der Vollkommenheit und Vollzähligkeit, der Vielfalt und Lebendigkeit. Sie ist die hellwache und zugleich in sich ruhende (*I*), sich selbst genügende Blume, ganz nach innen gewandt und sich zugleich in ihrem Duft verströmend (*III*), und, auf den Tisch gestellt, verwandelnd nach außen wirkend (*XVI*). So symbolisiert sie nicht einfach das Leben allgemein, sondern eher die Zweieinheit von Wachen und Schlafen, von Geburt und Tod, von Nichts und Sein (*XXIII*). Und als solche coincidentia oppositorum scheint sie ein »Leib aus nichts als Glanz« (*Sonett II,6*), ein immaterielles festliches Ereignis, in dem sich auch das Geheimnis der Kunst, genauer: des Gedichts, gleichnishaft spiegelt.

Bedeutet das nun, daß sich in den Rosen-Gedichten eine überwältigend glückhafte Daseinsform selber feiert, selig in sich selbst und ganz abgehoben von unserer endlichen und gebrechlichen

Existenz? Wo bleibt in diesem anscheinend idealen Bild der Mensch? Nun, er ist keineswegs vergessen oder verdrängt. Denn ›wir‹ (*I*) sind es ja, die die Rosen in ihrer Schönheit anschauen, die Zartheit ihrer Blätter fühlen, ihren Duft genießen und sie nicht zuletzt als Text, aber nur ›mit geschlossenen Augen‹, zu ›lesen‹ vermöchten (*II*). Das heißt, die Rosen ›sind‹ nur, soweit sie unseren Sinnen, unserm Gefühl und Bewußtsein ›gegeben‹ sind. Und nur deshalb können wir ihr Wesen auszusagen versuchen. In uns als wahrnehmenden und sinndeutenden Subjekten liegt also die Bedingung ihrer Erscheinung – auch das macht das Moderne dieser Gedichte aus. Das Moderne insofern, als eine solche Teilhabe an den Dingen der Welt, wie Käte Hamburger zeigen konnte, ihre philosophische Entsprechung in der Phänomenologie hat, die Edmund Husserl mit weitreichenden geistesgeschichtlichen Folgen für das 20. Jahrhundert begründet hat.

Und die Dichtung, der Dichter – wo bleiben sie? Neben dem ›wir‹ der Texte gibt es ja das ›ich‹, das stellvertretend für uns und auch in eigener Sache spricht. Es ist das lyrische Ich der Gedichte, das sich vor allem darin bekundet, daß es sich nicht genug tun kann, die Rosen rühmend anzurufen. Offensichtlich feiert es in der Rose – womit es über ›unsere‹ Teilhabe an ihr weit hinausgeht – eine Möglichkeit erfüllten Dichterseins. Entsprechend wird die Blume sogar zum mythischen Bild eines ›Narcisse exaucé‹ (*V*) erhöht. Eines Narziß also, dessen Liebe zu sich selbst gegen alle Tradition ›erhört‹ wird, was die Rechtfertigung, ja die ›Erlösung‹ des modernen monologischen, selbstbezüglichen Künstlers bedeutet. Von daher versteht man dann ohne weiteres, daß die Rilkesche Rose immer auch das Glück des in sich ruhenden, des vollkommenen – man sagt heute meist: des selbstreferentiellen – Gedichtes zum Ausdruck bringt.

Doch in den letzten der Rosen-Gedichte kommt noch eine andere Dimension ins Spiel; es ist die existentielle. Da gewinnen die Rosen plötzlich ihr Leben aus dem Grund der Erde, in der die Toten ruhen (*XXII*). Und sie werden am Ende noch ins menschliche Schicksal, unser Sein zum Tode, hineingezogen, obgleich der Dichter weiß, daß ihre ›Zeit‹ und Sphäre nicht die unsere ist (*XXIV*).

Les Fenêtres, die kleine Gedichtfolge von 10 Texten, wurde im Sommer 1924 wahrscheinlich in Muzot und dann in Ragaz begonnen (*III* und *IV*); das übrige entstand im April und Mai 1926 im Sanatorium Val-Mont, oberhalb Montreux, wo Rilke am 29. Dezember desselben Jahres an Leukämie gestorben ist. Wir dürfen also durchaus an die konkrete Entstehungssituation mancher dieser Verse denken. Aber es wäre falsch, sie nur als ein Zeugnis persönlichen Leidens zu verstehen. Auch in ihnen kommt, verwandelt, Allgemeines zur Sprache, schaltet sich eine ihres leichten Zugriffs immer noch sichere Stimme in das dichterische Gespräch ein, das in jenem ersten Viertel des vorigen Jahrhunderts über nationale Grenzen hinweg geführt wurde. Denn was sind die Themen der Fenster-Gedichte? Es geht um die menschliche Weise, Welt zu erfahren, mit der Wirklichkeit in Kontakt zu kommen. Wobei die Bedeutung des Bewußtseins, aber ebenso der Kunst, als wesentliche Bedingung dafür hervortritt, daß uns Welt überhaupt begegnet. Und wie, in welcher Konkretion, begegnet sie? Vornehmlich in der Gestalt der ›Geliebten‹, die in Rilkes Dichtung längst zur Chiffre für die höchste Erfahrung eines exemplarischen Ich-Welt-Bezugs geworden war. So sind die Fenster-Gedichte nicht zuletzt sehr Rilkesche Liebesgedichte, gewidmet Baladine Klossowska, der ›Merline‹ aus Rilkes späten Jahren. Und sie war es, die den Zyklus 1927, nach Rilkes Tod, in Paris zum Druck brachte, und zwar mit eigenen Zeichnungen, die allerdings gar zu ›leicht‹ und persönlich ausgefallen sind.

Während die Rose als Ding und Seinssymbol Rilke sein ganzes Leben begleitet hat, ist das Fenster ein erst spät gefundenes, völlig anderes, von vornherein höchst abstraktes Sprach- und Bildzeichen. In der *10. Elegie* taucht es plötzlich als eins der Sternbilder auf, die dem jungen Toten am Himmel eines ägyptisch-mythischen Jenseits gezeigt werden. Die französischen Gedichte entfalten seine Bedeutung. Als »unsere Geometrie« (*III*) dient das Fenster sozusagen der poetischen Weltvermessung, ist es, als Metapher für das Gedicht, das endliche Maß für das in ihm erscheinende unendliche Leben. Es befindet sich genau auf der Grenze zwischen Innen und Außen: Durch Fenster sehen wir hinaus, kommt die Welt zu uns herein; sie verbinden und trennen zugleich (*IV*).

Schon das erste Gedicht rühmt das Fenster als den Rahmen, in welchem uns, die wir drinnen sind, Wirkliches als Bild erscheint. Aber nichts und niemand tritt tatsächlich herein, dazu bräuchte es die Tür, die in diesen Gedichten nirgends vorkommt. So mischt sich in ihnen, wie in der späten Dichtung Rilkes überhaupt, aufs innigste Klage und Rühmung über unsere unaufhebbare Condition humaine. Dabei ist ausschlaggebend, daß der Dichter gleichwohl – einem Imperativ Nietzsches gehorchend – ›das große Ja‹ zu dem auszusprechen vermag, was das Fenster gewährt und was es verwehrt: Einerseits schenkt es den reichsten sinnlichen und seelischen Weltbezug, gipfelnd in der ›fast ewigen‹ ›Erscheinung‹ (Epiphanie) der ›Geliebten‹ (*III*), die für Rilke alles je Ersehnte in sich begreift. Anderseits verhindert es, eben weil es nur Fenster ist, daß ein solcher Weltbezug in irgendeine Form von Besitz überführt werden kann und darf. So verweist das Bildzeichen ›Fenster‹ auf die ›Differenz‹ zwischen Bewußtsein und Sein und mehr noch zwischen Sein und Haben. Aber der bewußte und gefühlte ›Bezug‹, wie ihn die Gedichte Rilkes intendieren, unterscheidet gar nicht grundsätzlich zwischen der ›présence‹ und ›absence‹ (An- und Abwesenheit) von Welt. Weshalb es eben nur das eine, allumfassende Ja geben kann. In diesen spätesten französischen Gedichten schließt die Bejahung sowohl die höchste Form der Rühmung als selbst noch, angesichts von schwerer Krankheit und Todesahnung, die bitterste Klage mit ein (*IX*). Denn daß die Erscheinung der Geliebten nicht mehr zur vollen sinnlichen Gegenwart zu werden vermag, erleidet das Dichter-Ich jetzt existentiell als schmerzlichsten ›Verlust‹ (*I*). Darin spricht sich offensichtlich auch der Gedanke oder zumindest das Gefühl des ›Ich besaß es doch einmal‹ aus.

Solche Textstellen lassen sich nach ihrem spezifischen Gewicht nur ermessen auf dem Hintergrund eines berühmten Briefes von Rilke an Ilse Jahr vom 22. 2. 1923. Der Dichter hatte da als verpflichtend für sich und seine Zeit den Satz formuliert: »statt des Besitzes erlernt man den Bezug«. Soviel Rilke auch während seines Lebens in dieser Hinsicht denkend und dichtend ›erlernt‹ haben mag: das Ziel erweist sich am Ende, wie wir sehen, immer noch als schwer erreichbar. Das gibt den Gedichten ihren zugleich tragischen wie utopischen Gestus. Dabei wird an der Utopie in um so kühneren Paradoxien festgehalten. So wenn das lyrische Ich vom ›Verlust‹ sagt, daß er es sei, der sein ›ganz volles Herz‹ erst ›vervollständige (complète)‹ (*II*). Der nämliche Gedanke erlangt in dem Rosen-Gedicht *IX* seine äußerste Zuspitzung. Dort ist die Rose einmal als eine fast zur Heiligen verklärte Liebende imaginiert und der biblischen Eva gegenübergestellt, da sie nicht mehr wie jene in Versuchung geraten kann.

Und zwar erscheint sie, die quasi moderne Liebende, deshalb als unverführbar, weil sie ›den Verlust unendlich besitzt‹ – ein Paradox, dem schwer nachzudenken ist. Doch sei es abschließend wenigstens versucht: Verlorenes von der hohen Bedeutung, um die es hier geht, kann bei Rilke nie persönlicher Besitz gewesen sein; im Sinne der obigen Gedanken ist es allerhöchstens als ›anwesend‹ erfahren worden, und es befindet sich dementsprechend jetzt im Zustand der ›Abwesenheit‹; als Abwesendes aber bleibt es, recht verstanden, ›unendlicher‹ Besitz, gewiß nicht in der ursprünglichen Bedeutung des Habens, das immer endlich wäre, sondern als dem eigenen Selbst unabtrennbar zugehörig. Das Paradox steht also für Rilkes Gedankenbild eines umfassenden Weltbezuges, den man sich nicht ›schwebend‹ genug vorstellen kann (vgl. *Les Fenêtres X*).

Die Übertragungen ins Deutsche

Mußten diese Gedichte für die vorliegende Ausgabe überhaupt übersetzt werden, und mußten sie so übersetzt werden, wie es hier geschehen ist? Die Antwort auf derlei Fragen fällt gewiß verschieden aus, je nachdem, an welchen Leserkreis man dabei denkt und wie man die Lesbarkeit der französischen Texte Rilkes beurteilt. Es gibt schon Übertragungen seiner Gedichte in französischer Sprache, wenn auch nur sehr wenige. Darunter diejenigen der *Fenêtres* von Karl Krolow, die bibliophil in kleiner Auflage erschienen sind. Vor dem Abschluß steht der von Manfred Engel herausgegebene 5. Band der großen *Kommentierten Ausgabe* der Werke Rilkes (Insel Verlag), der alle französischen Gedichte bietet und ihnen eine möglichst genaue Prosaumschrift als Lesehilfe beifügt. Mit der vorliegenden zweisprachigen Ausgabe der beiden Zyklen ist etwas anderes beabsichtigt. Sie möchte den Liebhaber der Poesie Rilkes durch lyrische Übertragungen behutsam an dessen späte Gedichte in französischer Sprache heranführen – ein bescheidenes und zugleich anspruchsvolles Ziel. Mit der alten Regel, die allgemein bei jeder Übersetzungsarbeit befolgt wird: So wörtlich wie möglich, so frei wie nötig, kommt man bei Rilke nicht weit. Hier scheint allererst die äußerste Annäherung an die Bedeutungen der Wörter und Sätze gefordert, weil jedes Zurückbleiben hinter der Vorlage nicht mehr Rilke wäre. Damit verbietet sich die genaue Nachbildung der Vers- und Strophenformen oder gar der Reimordnungen von vornherein. Krolows Nachdichtungen von *Les Fenêtres* zeigen, welche Verluste entstehen, wenn man am Reim festhält, ohne daß dafür etwas Wesentliches gewonnen wäre.

Anderseits verlangen Gedichte, deren schwebende Bedeutungsvielfalt immer eng an die poetischen Qualitäten der Texte gebunden ist, den Versuch, auch die ästhetischen Valeurs von Rilkes Französisch ins Deutsche zu retten. Rilke selber kann dafür kaum eine Hilfe sein, obwohl er einige seiner späten Gedichte mit gleicher Motivik sich in französischer und deutscher Sprache parallel entwickeln ließ (z. B. *Corne d'Abondance, Das Füllhorn*). Denn die Ergebnisse divergierten jedesmal so beträchtlich, daß zwei verschiedene Gedichte entstanden. Es scheint also nur die Möglichkeit zu geben, durch lautliche und rhythmische Korrespondenzen auf die Musikalität der Rilkeschen Verse aufmerksam zu machen. In den Übertragungen von Yvonne Goetzfried treten denn auch Assonanzen in großer Zahl an die Stelle der Rilkeschen Reime, und das Versinnere erscheint dem Vorbild entsprechend musikalisch durchgearbeitet, ganz im Dienst des von Rilke intendierten sinnlich-geistigen Gleichgewichts. Die dem Dichter wie selbstverständlich gelingende

›Verwandlung des Sichtbaren ins Unsichtbare‹, in die geistige Textur seiner Welt: sie kann die Übertragung nicht noch einmal leisten – dafür muß man das Original anschauen –, aber das Resultat der Verwandlung sollte doch annäherungsweise bewahrt sein. Ich meine, es ist den hier gebotenen deutschen Fassungen der französischen ›Vorlagen‹ abzulesen, daß dies unter möglichster Wahrung des genauen Textsinnes gelungen ist.

Ulrich Fülleborn

Mein Dank gilt dem Literaturwissenschaftler Prof. Dr. Ulrich Fülleborn (Erlangen), der meine Übertragungsarbeit auf dem langen Weg bis zu der jetzt vorliegenden Fassung begleitet hat, und dem Romanisten Curdin Ebneter (Kurator der Fondation Rilke in Sierre/Schweiz), mit dem ich schwierige Übersetzungsfragen diskutieren konnte.

Darmstadt, im März 2001 *Yvonne Goetzfried*

Rainer Maria Rilke (1875–1926) gilt als einer der bedeutendsten Dichter der Weltliteratur. Nach dem Ersten Weltkrieg lebte er hauptsächlich in der französischen Schweiz, wo nicht nur die *Duineser Elegien* und die *Sonette an Orpheus* entstanden, sondern auch Gedichtsammlungen in französischer Sprache.

Die beiden postum veröffentlichten Gedichtzyklen *Les Roses* und *Les Fenêtres* sind ein Juwel innerhalb der reichen französischsprachigen Produktion aus Rilkes später Zeit. Nach Vollendung der *Duineser Elegien* und der *Sonette an Orpheus* hat der Dichter die Möglichkeit entdeckt, in der seit je geliebten Sprache alles zu sagen, was ihm inzwischen sagbar geworden war – und zwar in schlichten Formen und unmittelbar eingängigen Bildern.

Yvonne Goetzfrieds (1946-2006) Übertragungen ins Deutsche nähern sich behutsam den Sinn- und Sprachschichten der französischen Gedichte. Ihre Übersetzung ist dem lyrischen Ton und dem Rhythmus ebenso verpflichtet wie der Genauigkeit und der Bedeutungsvielfalt von Rilkes Sprache.